KARIBU – Ein Verlag der Edel Verlagsgruppe
1. Auflage 2024
© Edel Verlagsgruppe GmbH, Kaiserstr. 14 a, 80801 München
Alle Rechte vorbehalten
Umschlag- und Innenillustrationen: Susanne Göhlich
Umschlaggestaltung und Satz: Lena Ellermann
Druck: optimal media GmbH, Röbel
ISBN: 978-3-96129-294-3
Printed in Germany
www. karibubuecher.de

Martina Baumbach

Missy und der Drache Pit Peperoni

ZUR DRACHENHÖHLE

Illustriert von Susanne Göhlich

KARIBU

Missy lebte mit ihrer Familie in einem hübschen Haus.
Sie hatte jede Menge Spielsachen, zwei Wellensittiche und eine Sandkiste.
Eigentlich war alles gut so, wie es war.

Aber Missy war eine echte Drachenkämpferin.
Sie konnte herrlich brüllen, schubsen, piken, kratzen und knuffen,
dass einem Hören und Sehen verging.
Wirklich jammerschade, dass ihr bisher nie ein Drache begegnet war.

Heute war wieder so ein Tag:

Missy brüllte, schubste, pikte, kratzte und knuffte.

Sie stampfte, ließ die Türen knallen und stürmte aus dem Haus.

Sie lief ... weit und immer weiter ... bis sie zu einem Wegweiser kam:

ZUR DRACHENHÖHLE

Ein waschechter Drache ... ha, der kam Missy gerade recht!

Sie schlug sich durchs Gebüsch und landete direkt vor seiner Höhle.

„Drache!", brüllte Missy.

„KOMM RAUS UND KÄMPF MIT MIR!"

Ein großer Schatten fiel über den Boden: **DER DRACHE!**

„Warum willst du an so einem schönen Tag kämpfen?",
drang es freundlich kokelnd aus seinem riesigen Maul.

„Weil ich Drachenkämpferin bin!", blaffte Missy. „Und du ein Drache!"

„Verstehe." Pit Peperoni nickte. „Und womit willst du kämpfen?"

Er hatte recht, Missy stöhnte. Sie brauchte unbedingt eine Waffe.

„Schwert, Lanze oder Schleuder?", zählte der Drache auf. „Kommt drauf
an, ob du mich schubsen, piken, kratzen oder knuffen willst."

„Egal!" Missy rollte mit den Augen. „Ich will nur kämpfen!"

„Hm, vielleicht ist fürs Erste eine Lanze am besten", entschied Pit.
„Wir schnitzen gemeinsam eine."

„Gemeinsam?" Missy sah ihn misstrauisch an. „Na gut …

ABER DANACH KÄMPFEN WIR! DARAUF KANNST
DU DICH VERLASSEN!"

Missy schwang begeistert ihre Lanze. „Du bist der beste Drache der Welt!"
Pit lachte grollend. „Potzblitz, ein Lob von einer Drachenkämpferin."
„Bild dir bloß nix ein", schnappte Missy. „Wir sind trotzdem noch Feinde."
„Natürlich", bestätigte Pit. „Feinde fürs Leben."
Da quoll dicker Rauch aus der Höhle.
„Meine Kekse sind fertig", freute sich Pit. „Bist du hungrig?"
„Ich bin doch nicht zum Keksessen hier", jaulte Missy auf. „Sondern zum
Kämpfen!"

Pit nahm die fertigen Kekse vom Feuer und formte neue.
Ungeduldig stellte Missy ihre Lanze ab. „Ich helf dir."
„Nett von dir", meinte Pit.

„ICH BIN NICHT NETT!", brauste Missy auf. „Ich mach das nur,
damit wir endlich kämpfen können ... autsch, ist das heiß!"
„Lass lieber mich ran", sagte Pit besorgt. „Drachen sind feuerfest."
„Ich schaff das allein!", protestierte Missy.

Missy knetete, formte und backte, wie Pit es vorgemacht hatte.

„Schau!" Stolz zeigte sie drei angekokelte Kekse.

„Du bist eine echte Bäckerin", lobte Pit.

„Bin ich nicht!" Missy sah ihn finster an. „Ich bin eine Drachenkämpferin!"

„Sowieso", beteuerte Pit. „Würd' ich nie vergessen."

Gierig schob sich Missy eine Handvoll Kekse in den Mund.

„Langsam!", warnte Pit. „Von warmen Keksen bekommt man Bauchweh."

„Isch nisch", behauptete Missy.

„So ein Zufall", schmunzelte Pit. „Ich auch nicht."

Eine Weile hörte man beide nur noch zufrieden kauen und schmatzen.

So schön sollten sie es öfter haben, dachte Missy. Doch schon sprang sie entsetzt auf. Um ein Haar wäre sie ihm auf den Leim gegangen ...

„UND JETZT KÄMPFEN WIR!
DARAUF KANNST DU DICH VERLASSEN!"

„Jetzt bist du fällig", schnaubte Missy. „KEINE AUSREDEN MEHR!"

„Ausreden?" Pit tat empört. „Es gibt einfach so viel Schönes zu tun."
Missy lachte. „Was kann schöner sein als Kämpfen?"
„Auf Entdeckerreise gehen", hauchte Pit geheimnisvoll. „Unterwegs lauern
tausend Abenteuer."
„Darauf fall ich nicht rein", betonte Missy und beeilte sich, Pit zu folgen.

Sie kletterten auf einen Hügel ... durchquerten ein Wäldchen ... bogen um
ein Brombeergebüsch ... und erreichten einen Weiher.
„Halt, nicht so nah", warnte Pit.
Doch Missy rief „Wasserschlacht!" und stürmte hinein. „Wo bleibst du?"
„Och, weißt du", murmelte Pit. „Feuer und Wasser vertragen sich nicht."
„So ein starker Drache wie du ist wasserscheu?" Missy sah ihn forschend
an. „Oder kannst du etwa nicht schwimmen?"
„Irgendwie ... nö", gab Pit zu.

„Ich bring's dir bei", bestimmte Missy und gab Pit ihre Hand.
„Ist das nicht gefährlich?" Pit tauchte zögernd einen Fuß ins Wasser.
„Ich würde nie erlauben, dass du ertrinkst", versicherte Missy. „Zum Kämpfen brauch ich dich nämlich lebendig."
„Wie beruhigend", meinte Pit und stapfte spritzend in den Weiher.

Als Pit Wasser in die Drachennase bekam, spuckte er vor Schreck Feuer.
„Siehst du", triumphierte Missy. „Feuer und Wasser vertragen sich doch!"
Sie planschten, bis ihnen vor Kälte die Zähne klapperten.
Dann wärmten sie sich in der Sonne auf den Ufersteinen wieder auf.
Pit verzog grinsend sein Drachenmaul. „Danke für den Schwimmkurs."
„Halb so wild." Missy winkte ab ...
„ABER JETZT KÄMPFEN WIR,
DARAUF KANNST DU DICH VERLASSEN!"

„Erst müssen wir noch zum Fußballplatz." Pit lächelte verträumt. „Heute spielen die Roten gegen die Blauen."

„Du willst zu den Menschen?" Entsetzt horchte Missy auf. „Was, wenn dich jemand sieht? Dann stecken sie dich in den Zoo." Oder schlimmer, aber das behielt sie für sich.

„Drachenkämpferin, machst du dir etwa Sorgen?", fragte Pit.

„Quatsch!", widersprach Missy. „Aber wie wollen wir kämpfen, wenn du in einem Käfig sitzt?"

„Ich weiß ein gutes Versteck", beruhigte Pit Missy.
Zweifelnd sah ihn Missy vom Kopf bis zur Schwanzspitze an.
Wie wollte man etwas so Riesiges verstecken?
„Vergiss es, du bleibst hier!", entschied sie. „Wir spielen selber."

„Angriff!", gab Missy das Startsignal.

Der Boden bebte, als Pit ihr polternd den Ball wegschnappte.

„Foul!", beschwerte sich Missy. „Mit dem Schwanz darfst du nicht kicken."

„Echt?" Pit grinste unschuldig. „Hat aber gut funktioniert."

„Das gibt Elfmeter", forderte Missy.

Doch Pit dribbelte schon in Richtung Tor.

„Na warte!" Lachend holte sich Missy
den Ball zurück.

Sie spielten, bis ihre Beine weich wie Mus waren.

„356 zu 312!", verkündete Missy. „Wir sind die Besten."

„Das ist mindestens Weltrekord!" Lächelnd tappte Pit zur Höhle.

„He, wo willst du hin?" Missy griff nach ihrer Lanze. „Wir wollten doch ..."

Gähnend rollte sich Pit zusammen. „Wirst du denn nie müde?", murmelte er, und im nächsten Moment ertönte gewaltiges Schnarchen.

„Okay, aber nur ein kleines Mittagsschläfchen", erklärte Missy.

„DANN KÄMPFEN WIR,
DARAUF KANNST DU DICH VERLASSEN!"

Schließlich fand Missy, dass Pit lang genug geschlafen hatte.

„KOMM RAUS, UND KÄMPF MIT MIR!", befahl sie. Als sich nichts rührte, stapfte sie in die Höhle. „Oder willst du dich drücken?"

„Pssst, ich liege auf der Lauer", wisperte Pit. „Der Schnarf muss hier irgendwo sein. Er hat ohrenbetäubend rumort, ich hab kein Auge zugemacht."

„Der Schnarf", wiederholte Missy beeindruckt. Das klang herrlich gefährlich. Sie legte sich neben Pit, und Seite an Seite hielten sie Ausschau.

„Wie sieht ein Schnarf denn aus?", wollte Missy wissen.

Pit zuckte ahnungslos mit den schuppigen Schultern. „Ich konnte ihn nur hören. Er hat die Zähne gewetzt, mit den Klauen gescharrt und mit den Flügeln geschlagen."

„Wir verjagen ihn!", sagte Missy. Fest entschlossen, Pit beizustehen.

„Bloß wie?", überlegte Pit.

„Am besten, wir nehmen die Erbsenschleuder", schwärmte Missy.
„Aber das tut dem Schnarf vielleicht weh", meinte Pit.
„Dann graben wir halt eine Fallgrube", ließ Missy nicht locker.
„Und was fangen wir dann mit dem Schnarf an?", fragte Pit.
„Ich hab's!", rief Missy. „Wir locken ihn mit Süßigkeiten fort."
Ob der Schnarf Süßes mochte, würden sie nie erfahren. Denn auf einmal
hallte ein Summen und Sirren von den Höhlenwänden, und ein zartes
Tierchen flatterte an ihnen vorbei nach draußen.
Es sah fast wie eine Heuschrecke aus, aber Missy und Pit wussten
Bescheid: Das war der Schnarf!
„Dem haben wir's aber gegeben!", jubelte Missy. Dann schüttelte sie
ihre Fäuste ...

„UND JETZT KÄMPFEN WIR, DARAUF KANNST DU DICH VERLASSEN!"

Pit runzelte die schuppige Stirn und seufzte: „Müssen Drachenkämpferinnen und Drachen wirklich immer kämpfen?"

„MÜSSEN SIE!", beharrte Missy.

Doch wie es manchmal ist, kam immer wieder etwas dazwischen ...

... Beerenjagd ...

... Flugübungen ...

... Nase in den Wind halten ...

... bis es auf einmal
Abend war ...

Missy und Pit machten es sich gemütlich. Sie aßen Popcorn nach
Drachenart, lauschten den Grillen und zählten die aufgehenden Sterne.
„Das war ein schöner Tag", sagte Pit.
„Mmh …", kam es zufrieden von Missy. Schnell verbesserte sie sich:
„Nur Kämpfen ist schöner!"
„Klar", bestätigte Pit. „Wäre ja komisch: eine Drachenkämpferin und
ein Drache, die Freunde sind."
„Genau!" Missy war erleichtert, dass Pit es richtig verstanden hatte.

Als Missy gerade überlegte, ob sie vielleicht doch eine gute
Drachenfreundin wäre … und ob sie einen Drachen mit nach Hause
bringen durfte (Eltern waren da manchmal komisch) …
Da erklang von Weitem eine Stimme: „Missy, Abendessen ist fertig!"
„Ich muss los", erklärte Missy.
„Schlaf gut, wildes Mädchen", drang es kokelnd aus Pits Drachenmaul.
„Aber morgen komm ich wieder!", versprach Missy strahlend und
schnappte ihre Lanze …
„UND DANN KÄMPFEN WIR,
DARAUF KANNST DU DICH VERLASSEN!"

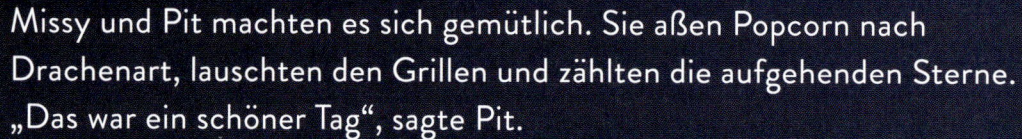